LAR

Ensaladas

Dirección editorial

Tomas García Cerezo

Editora responsable

Verónica Rico Mar

Coordinador de contenidos

Gustavo Romero Ramírez

Recetas

Véronique Montserrat Estremo Paredes

Estilismo de recetas

Departamento de Gastronomía de Ediciones Larousse, excepto: págs. 36 y 50 de Leticia Alexander.

Fotografía

Alex Vera FotoGastronómica® (págs. 14, 16, 20, 22, 24, 39, 40, 46, 48, 54, 56 y 58); León Rafael (págs. 12, 18, 26, 29, 30, 33, 34 y 52); Fernando Gómez Carbajal (págs. 8, 42 y 44); Vivian Bibliowicz (págs. 36 y 50).

Diseño y formación

Visión Tipográfica Editores, S.A. de C.V. / Rossana Treviño Tobías

Portada

Ediciones Larousse, S.A. de C.V., con la colaboración de Nice Montaño Kunze

Este libro se terminó de imprimir en abril de 2016 en los talleres de Litografía Gil S.A. Calle Tolteca No. 169 Col. Industrial San Pedro de los Pinos C.P. 01180, México D.F.

© 2016 Ediciones Larousse, S.A. de C.V. Renacimiento #180, Colonia San Juan Tlihuaca, Delegación Azcapotzalco, C.P. 02400, México, D.F.

ISBN 978-607-21-1185-1

Primera edición, marzo de 2016

LAROUSSE

101 RECETAS DE

Ensaladas

LAROUSSE

Presentación

En ***101 Recetas de ensaladas*** hallará creaciones deliciosas y frescas que le ayudarán a variar la cotidiana ensalada verde utilizando ingredientes diversos y exquisitos.

Las recetas están agrupadas por secciones. En la primera se encuentran las ensaladas con pastas y carbohidratos, excelentes como acompañamiento o guarnición, pero que en ciertos casos pueden ser el plato principal de una comida debido a su aporte calórico. En la segunda sección se agrupan variedades de ensaladas con hojas verdes, recetas que le ayudarán a salir de la rutinaria ensalada de lechuga sin sacrificar la ligereza que las caracteriza.

La tercera sección la constituyen las ensaladas con aves, carnes y mariscos, fórmulas exquisitas que pueden servirse como plato fuerte gracias a su contenido en proteínas. En la cuarta sección descubrirá ensaladas ricas en proteínas de origen vegetal.

La sección final presenta las ensaladas clásicas, donde podrá localizar las imperdibles en reuniones, comidas especiales, o incluso las que tienen sabores dulces, perfectas para servirse como postre.

Estas 101 recetas, en conjunto con algunos consejos que se describen al final del libro, le darán las herramientas necesarias para diversificar su menú añadiendo platillos frescos y deliciosos a su acervo culinario personal.

Contenido

1 Ensalada de espinacas con pasta

Ingredientes
▶ 2 tazas de pasta corta cocida ▶ 2 tazas de hojas de espinacas troceadas ▶ 2 calabacitas blanqueadas, cortadas en láminas delgadas ▶ ½ taza de almendras fileteadas, tostadas ▶ Vinagreta de miel y mostaza, al gusto (ver pág. 61) ▶ rebanadas de aguacate al gusto (opcional)

Procedimiento
Mezcle en una ensaladera todos los ingredientes, excepto la vinagreta de miel y mostaza y las rebanadas de aguacate; sirva con estas últimas la ensalada.

2 Ensalada de espinacas con pasta y huevo

Ingredientes
▶ 1 receta **1** ▶ ½ taza de arándanos deshidratados ▶ 2 tazas de ejotes cocidos cortados en trozos ▶ 4 huevos cocidos, partidos en cuartos ▶ Vinagreta de miel y mostaza, al gusto (ver pág. 61)

Procedimiento

Mezcle en una ensaladera la Ensalada de espinacas con pasta con los arándanos deshidratados y los ejotes. Sirva la ensalada en 4 platos individuales y distribuya los cuartos de huevo cocido; aderece con la vinagreta al gusto.

3 Ensalada de espinacas con pasta estilo griega

Ingredientes

▶ 1 receta **1** ▶ 1 taza de aceitunas negras sin semilla, partidas por la mitad ▶ ¼ de taza de cebolla morada fileteada ▶ 1 taza de cubos de queso feta ▶ 2 cucharaditas de hojas de albahaca fresca picadas ▶ Vinagreta de miel y mostaza, al gusto (ver pág. 61)

Procedimiento

Mezcle en una ensaladera la Ensalada de espinacas con el resto de los ingredientes, excepto la vinagreta; sirva con esta última la ensalada distribuida en 4 platos individuales.

4 Ensalada de espinacas con pasta y jamón

Ingredientes

▶ 2 tazas de pasta corta cocida ▶ 2 tazas de hojas de espinacas troceadas ▶ 2 calabacitas blanqueadas, cortadas en láminas delgadas ▶ ½ taza de piñones tostados ▶ 1 taza de cubos de queso gruyère ▶ Aderezo de eneldo, al gusto (ver pág. 61) ▶ rebanadas de aguacate al gusto

Procedimiento

Mezcle en una ensaladera todos los ingredientes, excepto el aderezo y las rebanadas de aguacate; sirva con estas últimas la ensalada.

5 Ensalada de pasta con verduras

Ingredientes

▶ 2 tazas de *farfalle* ▶ 1 receta de Vinagreta básica (ver pág. 61) ▶ ¼ de taza de hojas de albahaca fresca ▶ 1 zanahoria cortada en medias lunas, blanqueada ▶ 2 calabacitas cortadas en medias lunas, blanqueadas ▶ 1 taza de jitomates cherry ▶ 1 taza de floretes de brócoli blanqueados

Procedimiento

Cueza la pasta en suficiente agua caliente siguiendo las instrucciones del empaque. Escúrrala, mézclela en un tazón con ¼ de taza de la vinagreta y déjela enfriar. Mezcle la pasta con el resto de los ingredientes. Sirva y, si lo desea, aderece con un poco más de vinagreta.

6 Ensalada de pasta con verduras verdes

Ingredientes

▶ 1 receta de Vinagreta básica (ver pág. 61) ▶ 1 cucharadita de orégano seco, triturado ▶ 1 cucharadita de tomillo seco molido ▶ 2 tazas de pasta corta ▶ 2 tazas de hojas de acelga troceadas ▶ 1 taza de espárragos blanqueados, troceados ▶ 1 taza de ejotes troceados, blanqueados ▶ 1 taza de floretes de brócoli blanqueados ▶ ¼ de taza de semillas de calabaza tostadas

Procedimiento

Mezcle la vinagreta básica con el orégano y el tomillo secos. Posteriormente, siga el procedimiento de la receta 5.

7 Ensalada de pasta con verduras, queso y pollo

Ingredientes

▷ 2 milanesas de pollo asadas ▷ 1 receta **5** ▷ ½ taza de láminas de queso parmesano ▷ Vinagreta básica al gusto (ver pág. 61)

Procedimiento

Corte las milanesas de pollo en tiras delgadas, déjelas enfriar y mézclelas con la Ensalada de pasta con verduras. Sirva, distribuya el queso parmesano sobre cada ensalada y aderece con vinagreta al gusto.

8 Ensalada de pasta con verduras verdes y atún

Ingredientes

▷ 1 receta de Vinagreta básica (ver pág. 61) ▷ 1 cucharadita de orégano seco, triturado ▷ 1 cucharadita de tomillo seco molido ▷ 4 lomos de atún de 150 g c/u ▷ 1 cucharada de aceite de oliva ▷ 2 tazas de pasta corta ▷ 2 tazas de hojas de espinaca troceadas ▷ 1 taza de espárragos blanqueados, troceados ▷ 1 taza de ejotes blanqueados, troceados ▷ 1 taza de floretes de brócoli blanqueados ▷ sal y pimienta al gusto

Procedimiento

Mezcle la vinagreta básica con el orégano y el tomillo secos; resérvela. Salpimiente los lomos de atún por ambos lados y séllelos en un sartén con el aceite caliente durante 5 minutos por ambos lados. Déjelos entibiar y córtelos en rebanadas de entre ½ y 1 centímetro de grosor. Posteriormente, siga el procedimiento de la receta **5**, sirviendo la ensalada con las rebanadas de atún selladas.

9 Espagueti con verduras salteadas

Ingredientes

▶ 2 cucharadas de aceite ▶ ½ taza de cebollas cambray rebanadas ▶ 1 diente de ajo picado ▶ 1 pimiento morrón verde sin semillas ni venas, cortado en tiras ▶ 1 taza de champiñones cortados en cuatro ▶ ½ taza de medias lunas de zanahoria, blanqueadas ▶ 1 taza de chícharos japoneses blanqueados ▶ 1 lata de elotes *baby* cortados por la mitad ▶ 1 taza de germen de soya ▶ las hojas de 2 ramas de cilantro, picadas ▶ 2 tazas de espagueti cocido ▶ Vinagreta agridulce al gusto (ver pág. 61)

Procedimiento

Caliente el aceite en un sartén sobre fuego medio y acitrone las cebollas y el ajo picado. Añada el pimiento morrón y los champiñones y saltéelos durante 5 minutos; agregue el resto de las verduras y continúe salteando los ingredientes durante 2 minutos más. Retire la preparación del fuego, incorpórele el cilantro picado y déjela enfriar. Mezcle la pasta con las verduras salteadas, aderece con vinagreta al gusto y sirva.

10 Ensalada amarilla con tallarines

Ingredientes

▶ 2 cucharadas de aceite ▶ ¼ de taza de cebollas cambray rebanadas ▶ 1 diente de ajo picado ▶ 1 pimiento morrón amarillo sin semillas ni venas, cortado en tiras ▶ 1 taza de champiñones cortados en cuatro ▶ 1 zanahoria cortada en tiras delgadas, blanqueadas ▶ ½ taza de granos de elote cocidos ▶ 1 taza de flores de calabaza ▶

las hojas de 2 ramas de cilantro, picadas ❱ 2 tazas de tallarines cocidos ❱ Vinagreta agridulce al gusto (ver pág. 61)

Procedimiento
Siga el procedimiento de la receta **9**.

11 *Ensalada de cabello de ángel con carne de res*

Ingredientes
❱ 2 cucharadas de aceite ❱ ½ taza de cebollas cambray rebanadas ❱ 1 diente de ajo picado ❱ 2 bisteces de res cortados en tiras ❱ 1 taza de champiñones cortados en cuatro ❱ 1 taza de floretes pequeños de coliflor blanqueados ❱ las hojas de 2 ramas de cilantro, picadas ❱ 2 tazas de cabello de ángel cocido ❱ Vinagreta de vinagre de vino tinto al gusto (ver pág. 61)

Procedimiento
Siga el procedimiento de la receta **9**, sustituyendo el pimiento morrón por las tiras de carne.

12 *Espagueti cremoso con jamón*

Ingredientes
❱ 2 cucharadas de aceite ❱ ½ taza de cebollas cambray rebanadas ❱ 1 diente de ajo picado ❱ 1 rama de apio de 5 cm, fileteada ❱ 1 taza de champiñones fileteados ❱ 1 taza de cubos de jamón ❱ ¼ de taza de crema ❱ 1 cucharada de mostaza ❱ 3 tazas de espagueti cocido ❱ 2 cucharadas de ajonjolí tostado ❱ sal y pimienta al gusto

Procedimiento
Caliente el aceite en un sartén sobre fuego medio y acitrone las cebollas, el ajo y el apio picados durante 3 minutos. Añada los champiñones fileteados y saltéelos durante 5 minutos; agregue los cubos de jamón y saltéelos hasta que se doren ligeramente. Retire este salteado del fuego y déjelo enfriar. Mezcle en un tazón la crema con la mostaza e incorpore el salteado y el espagueti. Salpimiente al gusto, espolvoree el ajonjolí tostado y sirva.

13 Tabulé

Ingredientes
▶ ½ taza de bulgur o trigo quebrado ▶ 3 cucharadas de aceite de oliva ▶ 1 taza de agua hirviendo ▶ 2 jitomates picados ▶ 1 taza de perejil picado finamente ▶ ½ taza de hierbabuena picada finamente ▶ 2 cucharadas de jugo de limón ▶ sal y pimienta al gusto

Procedimiento
Mezcle en un tazón el bulgur con 1 cucharada de aceite y el agua; cúbralo con un trapo y déjelo reposar durante 15 minutos. Escúrralo y regréselo al tazón; agregue el resto del los ingredientes, mezcle y salpimiente al gusto. Refrigere el tabulé durante 30 minutos antes de servirlo.

14 Ensalada de tabulé de quinoa y atún

Ingredientes
▶ 1 taza de agua ▶ ½ taza de quinoa ▶ 2 jitomates picados ▶ ½ taza de perejil picado finamente ▶ ¼ de taza de hierbabuena picada finamente ▶ ½ taza de aceitunas sin

semilla, partidas por la mitad ▶ 1 lata de atún, drenada ▶ 2 cucharadas de aceite de oliva ▶ 2 cucharadas de jugo de limón ▶ sal y pimienta al gusto

Procedimiento

Ponga sobre el fuego una cacerola con el agua, la quinoa y 1 pizca de sal; cuando hierva, baje el fuego, tape la cacerola y deje que la quinoa absorba el agua por completo. Retire la quinoa del fuego y déjela enfriar. Mézclela en una ensaladera con el resto de los ingredientes; salpimiente al gusto y sirva.

15) *Tabulé con garbanzos*

Ingredientes

▶ ½ receta **13** ▶ 1 taza de garbanzos cocidos ▶ 1 pepino cortado en cubos pequeños ▶ 2 cucharadas de cebolla picada ▶ 1 taza de lechuga orejona fileteada ▶ 1 cucharadita de orégano seco, triturado ▶ 2 cucharadas de aceite de oliva ▶ sal y pimienta al gusto

Procedimiento

Mezcle todos los ingredientes en una ensaladera y sirva.

16) *Ensalda de tabulé con pollo y queso feta*

Ingredientes

▶ 4 muslos de pollo sin piel ni hueso, cortados en cubos ▶ 2 cucharadas de aceite ▶ 2 cucharadas de ajonjolí tostado ▶ ½ receta **13**, o **14** sin atún ▶ 1 taza de cubos de queso feta ▶ 1 taza de cubos de aguacate ▶ sal y pimienta al gusto

Procedimiento

Salpimiente los cubos de pollo y saltéelos en un sartén con el aceite caliente; cuando comiencen a dorarse, añada el ajonjolí. Continúe la cocción hasta que el pollo esté dorado por todos lados y bien cocido. Retírelo del fuego y déjelo enfriar. Mezcle en una ensaladera los cubos de pollo con el resto de los ingredientes y sirva.

17 Cuscús con verduras especiadas

Ingredientes

▷ 1 cucharada de semillas de cilantro tostadas ▷ ½ cucharada de cominos tostados ▷ 1 trozo de canela de 2 cm, tostado ▷ 3 pimientas gordas tostadas ▷ 1 cucharada de aceite de oliva ▷ 1 diente de ajo picado ▷ 2 tazas de mezcla de verduras cocidas, al gusto ▷ 2 tazas de cuscús cocido ▷ sal al gusto

Procedimiento

Muela en un mortero todas las especias hasta obtener un polvo. Ponga el aceite en un sartén sobre fuego medio y saltee el ajo picado junto con la mezcla de especias durante 1 minuto; añada las verduras y saltéelas un par de minutos. Retire del fuego, agregue sal al gusto y deje entibiar. Sirva el cuscús cocido en 4 platos y distribuya encima las verduras.

18 Ensalada de cuscús con verduras especiadas

Ingredientes

▷ 1 taza de hojas de arúgula ▷ ½ taza de berros ▷ ½ taza de hojas de lechuga francesa troceadas ▷ ½ receta **17** ▷ 1 taza de queso de cabra desmoronado ▷ ¼ de taza de nueces de la India, troceadas ▷ Aderezo de limón, al gusto (ver pág. 60)

Procedimiento

Mezcle en una ensaladera las hojas de arúgula con los berros, las hojas de lechuga y un poco del aderezo de limón; distribúyalas en 4 platos y coloque encima el cuscús especiado con verduras, el queso de cabra desmoronado y las nueces de la India troceadas. Acompañe con más aderezo de limón.

19 Ensalada de papas y camotes especiados

Ingredientes

▶ 1 cucharada de semillas de cilantro tostadas ▶ ½ cucharada de cominos tostados ▶ 1 trozo de canela de 2 cm, tostado ▶ 3 pimientas gordas tostadas ▶ 1 cucharada de aceite de oliva ▶ 1 diente de ajo picado ▶ 1 taza de papas cambray cocidas, partidas por la mitad ▶ 1 taza de cubos de camote cocido ▶ 1 taza de una mezcla de germinados ▶ sal al gusto

Procedimiento

Siga el procedimiento de la receta **17**, sustituyendo las verduras con las papas y los camotes. Déjelos enfriar, mézclelos con los germinados y sirva.

20 Cuscús con frutos secos

Ingredientes

▶ 2 tazas de cuscús cocido ▶ ½ taza de arándanos deshidratados ▶ ½ taza de pasas ▶ ½ taza de almendras fileteadas, tostadas ▶ ½ taza de orejones picados ▶ ½ taza de granos de granada ▶ ¼ de taza de pistaches tostados ▶ ¼ de taza de semillas de calabaza tostadas ▶ 1 cucharada de aceite de oliva ▶ 2 cucharadas de jugo de naranja ▶ 1 cucharadita de jugo de limón ▶ sal y pimienta al gusto

Procedimiento

Mezcle todos los ingredientes en una ensaladera y sirva.

21 *Ensalada de arroz*

Ingredientes

▶ 6 rebanadas de pechuga de pavo ahumada ▶ 1½ tazas de arroz blanco cocido ▶ ½ taza de arroz salvaje cocido ▶ ½ taza de lentejas cocidas y escurridas ▶ ¼ de taza de granos de granada ▶ ¼ de taza de arándanos deshidratados ▶ 8 supremas de mandarina ▶ ¼ de taza de almendras tostadas y troceadas ▶ vinagreta de la receta **72**, al gusto

Procedimiento

Enrolle sobre sí mismas las rebanadas de pechuga de pavo y córtelas en cinco porciones. Mezcle el resto de los ingredientes en una ensaladera. Sirva la ensalada en 4 platos, distribuya encima los trozos de pechuga de pavo y aderece con la vinagreta al gusto.

22 Ensalada de arroz con tofu crujiente

Ingredientes

▶ 1 receta **21**, sin pechuga de pavo ▶ 1 bloque de tofu firme de 350 g

Procedimiento

Envuelva el bloque de tofu con varias capas de papel absorbente; póngalo sobre una superficie plana y colóquele encima un peso (un sartén o una olla); déjelo reposar durante 20 minutos. Retire el papel del tofu, córtelo en cubos y colóquelos, sin encimarlos, en una charola para hornear cubierta con papel siliconado. Hornéelos a 200 °C durante 25 minutos. Sirva la ensalada en 4 platos y distribuya encima los cubos de tofu.

23 Ensalada de arroz salvaje con verduras

Ingredientes

▶ 1 cucharada de aceite ▶ 2 tazas de coles de Bruselas cortadas por la mitad ▶ 1 taza de cubos de zanahoria ▶ ½ taza de cubos de nabo ▶ ¼ de taza de cebollas cambray partidas por la mitad ▶ 1 taza de arroz cocido al vapor (blanco, integral o salvaje) ▶ ½ taza de hojas de menta picadas ▶ ½ taza de cubos de aguacate ▶ Vinagreta agridulce, al gusto (ver pág. 61) ▶ sal al gusto

Procedimiento

Saltee las coles del Bruselas en un sartén con el aceite durante 5 minutos; añada el nabo, la zanahoria y las cebollas; agregue un poco de sal y saltee las verduras hasta que estén suaves y ligeramente doradas. Retírelas del fuego, mézclelas con 2 cucharadas de la vinagreta y déjelas enfriar. Combine las verduras salteadas con el resto de los ingredientes y aderece la ensalada con un poco más de vinagreta. Sirva.

24 Ensalada verde con alcachofas y champiñones

Ingredientes

▸ ½ taza de hojas de lechuga italiana troceadas ▸ ½ taza de hojas de lechuga sangría troceadas ▸ 2 tazas de espinacas *baby* ▸ 1½ tazas de hojas de arúgula ▸ 1 taza de champiñones fileteados ▸ 8 centros de alcachofa en conserva ▸ ¼ de taza de semillas de girasol garapiñadas ▸ Vinagreta de balsámico al gusto (ver pág. 61)

Procedimiento

Mezcle todos los ingredientes en una ensaladera, excepto la vinagreta; sirva con esta última la ensalada.

25 Ensalada verde con manzana y almendras

Ingredientes

▸ ½ taza de hojas de lechuga italiana troceadas ▸ ½ taza de hojas de lechuga sangría troceadas ▸ 2 tazas de espinacas *baby* ▸ 1½ tazas de hojas de arúgula ▸ 1 taza de gajos de manzana ▸ 1 taza de cubos de aguacate ▸ ¼ de taza de almendras tostadas ▸ la vinagreta de su elección al gusto (ver pág. 61)

Procedimiento

Siga el procedimiento de la recetas **24**.

26) Ensalada verde con queso y chapulines

Ingredientes

▶ 1 receta de Vinagreta de limón o de balsámico ▶ 1 chile de árbol seco cortado en rodajas ▶ ½ taza de hojas de lechuga italiana troceadas ▶ ½ taza de hojas de lechuga sangría troceadas ▶ 2 tazas de espinacas *baby* ▶ 1½ tazas de hojas de arúgula ▶ ¾ de taza de cubos de queso manchego ▶ ¾ de taza de cubos de queso oaxaca ▶ ½ taza de queso de cabra desmoronado ▶ ½ taza de chapulines

Procedimiento

Mezcle la vinagreta con las rodajas de chile. Combine en otro tazón el resto de los ingredientes, excepto el queso de cabra y los chapulines. Sirva la ensalada en 4 platos y distribuya encima el queso de cabra y los chapulines; aderece con la vinagreta.

27) Ensalada verde con vinagreta de pimienta

Ingredientes

▶ 2 tazas de espinacas *baby* ▶ 1½ tazas de hojas de arúgula ▶ ½ taza de hojas de lechuga italiana troceadas ▶ ½ taza de hojas de lechuga sangría troceadas ▶ 1 rama de apio de 5 cm rebanada ▶ 1 taza de floretes de brócoli asados ▶ 1 taza de jitomates cherry ▶ ⅓ de taza láminas de queso parmesano ▶ 4 cucharaditas de ajonjolí tostado

Procedimiento

Combine en una ensaladera los ingredientes, excepto el queso y el ajonjolí. Sirva la ensalada en 4 platos y distribuya encima el queso parmesano y el ajonjolí tostado; aderece con la vinagreta de pimienta al gusto.

28 Ensalada verde con atún

Ingredientes
▶ 1 taza de una mezcla de hojas de lechuga troceadas ▶ 1 taza de hojas de espinaca *baby* ▶ 1 taza de hojas de col rizada troceadas ▶ 1 taza de jitomates cherry ▶ 1 taza de ejotes blanqueados ▶ 2 latas de atún en agua, drenadas ▶ 1 aguacate cortado en rebanadas ▶ ½ taza de semillas de girasol tostadas ▶ Vinagreta agridulce al gusto (ver pág. 61)

Procedimiento
Mezcle todos los ingredientes en una ensaladera, excepto el aguacate y las semillas de girasol. Sirva la ensalada en 4 platos individuales, distribuya encima las rebanadas de aguacate y las semillas de girasol tostadas y aderece con la vinagreta.

29 Ensalada verde con atún y aderezo de manzana

Ingredientes
▶ 1 manzana amarilla, pelada, descorazonada y troceada ▶ ½ taza de aceite de oliva ▶ 3 cucharadas de vinagre de manzana ▶ el jugo de ½ limón ▶ ½ cucharada de mostaza de Dijon ▶ 1 receta **28**, sin vinagreta agridulce ▶ sal y pimienta al gusto

Procedimiento
Licue los trozos de manzana con el aceite, el vinagre, el jugo de limón y la mostaza de Dijon hasta obtener un aderezo sin grumos; añada sal y pimienta al gusto. Sirva la ensalada con el aderezo de manzana.

30 Ensalada verde con camarón

Ingredientes

▶ 1 receta de Vinagreta de miel y mostaza (ver pág. 61) + c/s al gusto ▶ 1 diente de ajo picado ▶ ½ cucharadita de jengibre fresco rallado ▶ 16 camarones grandes, limpios ▶ 1 cucharadita de aceite ▶ 1 taza de una mezcla de hojas de lechuga troceadas ▶ 1 taza de hojas de espinaca *baby* ▶ 1 taza de hojas de col rizada, troceadas ▶ 1 taza de jitomates cherry ▶ 1 taza de ejotes blanqueados ▶ 1 aguacate cortado en rebanadas

Procedimiento

Mezcle en un tazón la vinagreta de miel y mostaza con el ajo y el jengibre; añada los camarones y déjelos marinar durante 1 hora en refrigeración. Ponga sobre el fuego un sartén con el aceite y saltee los camarones junto con la marinada hasta que estén bien cocidos. Retírelos del fuego y déjelos enfriar. Mezcle todos los vegetales en una ensaladera, excepto el aguacate. Sirva la ensalada en 4 platos individuales, distribuya encima las rebanadas de aguacate y los camarones y aderece con la vinagreta restante.

31 Ensalada verde con boquerones

Ingredientes

▶ 1 taza de hojas de espinaca *baby* ▶ 1 taza de hojas de col rizada, troceadas ▶ ½ taza de hojas de arúgula troceadas ▶ ½ taza de col morada fileteada ▶ ½ taza de berros ▶ 1 taza de filetes de boquerones en vinagre ▶ ½ taza de almendras ▶ ¼ de taza de aceitunas tostadas, troceadas ▶ Vinagreta básica al gusto (ver pág. 61)

Procedimiento

Mezcle todas las hojas en un tazón y aderécelas con la vinagreta. Sirva la ensalada en 4 platos y distribuya encima los filetes de boquerones, las almendras y las aceitunas.

32) *Ensalada griega*

Ingredientes

▶ 4 tazas de mezcla de hojas de lechugas, troceadas ▶ 1 taza de cubos de queso feta ▶ 1 pepino cortado en medias lunas ▶ ½ taza de aceitunas negras sin semillla ▶ ¼ de cebolla morada fileteada ▶ 1 taza de jitomates cherry partidos por la mitad ▶ Vinagreta de balsámico, al gusto (ver pág. 61) ▶ pan pita para acompañar

Procedimiento

Mezcle en una ensaladera las hojas de lechuga con el queso feta, el pepino, las aceitunas negras y la cebolla; aderece la ensalada con la vinagreta al gusto. Sirva la ensalada en 4 platos y distribuya encima los jitomates cherry; acompañe con pan pita al gusto.

33) *Ensalada griega con aderezo de aceituna*

Ingredientes

▶ 5 aceitunas verdes sin semilla ▶ 1 diente de ajo troceado ▶ 1 cucharada de hojas de perejil ▶ ½ taza de aceite de oliva ▶ el jugo de ½ limón ▶ 3 cucharadas de vinagre de vino tinto ▶ ¼ de cucharadita de pimienta molida ▶ 1 pizca de sal ▶ 1 receta **32**, sin vinagreta

Procedimiento
Obtenga un aderezo moliendo en un procesador de alimentos todos los ingredientes, excepto la Ensalada griega. Sirva esta última en 4 platos y báñela con el aderezo.

34 Ensalada de espinacas y pollo con tzatziki

Ingredientes
▶ ½ pepino pelado, rallado + 1 cortado en rodajas delgadas ▶ 1 taza de yogur griego, sin azúcar ▶ 1 diente de ajo picado finamente ▶ 1½ cucharadas de aceite de oliva ▶ ½ cucharada de vinagre blanco ▶ 1 cucharada de hojas de eneldo picadas ▶ 1 cucharadita de sal ▶ 2 tazas de espinacas *baby* ▶ ¼ de taza de aceitunas verdes sin semilla ▶ 1½ tazas de tiras de pollo asadas

Procedimiento
Coloque el pepino rallado en una coladera y déjelo escurrir en refrigeración durante 1 noche. Mezcle en un tazón el yogur con el ajo picado, el aceite de oliva, el vinagre, el eneldo picado, el pepino rallado y la sal. Sirva las hojas de espinaca en 4 platos, distribuya encima las rebanadas de pepino, las aceitunas y las tiras de pollo asadas; aderece con el *tzatziki*.

35 Ensalada griega con alubias

Ingredientes
▶ 1 taza de alubias cocidas ▶ ½ taza de garbanzos cocidos ▶ ½ receta **32**, sin vinagreta ▶ 1 taza de crutones ▶ Vinagreta básica al gusto (ver pág. 61)

Procedimiento
Mezcle todos los ingredientes en una ensaladera y sirva.

36 Ensalada fresca

Ingredientes

▶ 1 receta de Vinagreta de miel y mostaza (ver pág. 61) ▶ 1 cucharada de hojas de albahaca frescas, picadas ▶ 2 tazas de hojas de lechuga francesa, troceadas ▶ 1 taza de hojas de arúgula *baby* ▶ 1 taza de germinados de su elección ▶ 1 taza de jitomates cherry ▶ 1 pepino pelado, sin semillas, cortado en bastones ▶ 1 taza de champiñones fileteados ▶ 1 taza de zanahorias *baby*

Procedimiento

Mezcle la vinagreta con la albahaca picada. Combine en una ensaladera el resto de los ingredientes. Distribuya la ensalada en 4 platos y aderece con la vinagreta.

37 Ensalada fresca con higos y queso brie

Ingredientes

▶ 2 tazas de hojas de lechuga francesa, troceadas ▶ 1 taza de hojas de arúgula *baby* ▶ 1 taza de germinados de su elección ▶ 6 higos cortados en cuartos ▶ 100 g de queso *brie* cortado en rebanadas ▶ ½ taza de nueces de la India tostadas y troceadas ▶ ¼ de taza de arándanos deshidratados ▶ vinagreta de la receta **27**, al gusto

Procedimiento

Mezcle en una ensaladera las hojas de lechuga y de arúgula con un poco de la vinagreta de pimienta. Sírvalas en 4 platos y distribuya encima los germinados, los higos, el queso *brie*, las nueces troceadas y los arándanos; acompañe con más vinagreta.

38 Ensalada fresca con cítricos y salmón ahumado

Ingredientes

▶ 2 tazas de hojas de lechuga francesa, troceadas ▶ 1 taza de hojas de arúgula *baby* ▶ ½ taza de germinados de cilantro ▶ ½ taza de germinado de lenteja ▶ 1½ tazas de supremas de toronja ▶ 1 taza de supremas de naranja o de mandarina ▶ 1 aguacate cortado en rebanadas ▶ 100 g de rebanadas de salmón ahumado ▶ ¼ de taza de ajonjolí tostado ▶ Aderezo de cilantro, al gusto (ver pág. 60)

Procedimiento

Mezcle en una ensaladera las hojas de lechuga y de arúgula con un poco del aderezo de cilantro. Sírvalas en 4 platos y distribuya encima los ingredientes restantes; acompañe con más aderezo.

39 Ensalada fresca con melón y jamón serrano

Ingredientes

▶ 1 receta de Vinagreta de miel y mostaza (ver pág. 61) ▶ 1 cucharada de hojas de albahaca frescas, picadas ▶ 2 tazas de hojas de lechuga francesa, troceadas ▶ 1 taza de hojas de arúgula *baby* ▶ ½ taza de germinado de soya ▶ 6 rebanadas de jamón serrano ▶ 1 taza de esferas de melón ▶ ½ taza de cubos de queso manchego

Procedimiento

Siga el procedimiento de la receta 36.

40 Ensalada de endivias con aderezo de roquefort

Ingredientes

▶ ½ taza de queso roquefort ▶ ½ taza de yogur natural, sin azúcar ▶ 1 diente de ajo triturado ▶ 1 cucharada de vinagre de vino blanco ▶ 1 cucharada de cebollín picado ▶ ¼ de cucharadita de nuez moscada, molida ▶ las hojas de 2 endivias, troceadas ▶ 1 manzana descorazonada cortada en gajos ▶ ½ taza de nueces garapiñadas ▶ ½ taza de cubos de tocino fritos ▶ sal y pimienta al gusto

Procedimiento

Aplaste el queso roquefort con un tenedor y mézclelo con el yogur, el ajo, el vinagre, el cebollín y la nuez moscada para obtener un aderezo; añada sal y pimienta al gusto. Mezcle en un tazón las hojas de endivias y los gajos de manzana con un poco del aderezo de queso roquefort. Sirva en 4 platos y distribuya encima las nueces garapiñadas y los cubos de tocino fritos.

41 Ensalada de pollo con aderezo de roquefort

Ingredientes

▶ 1 pechuga de pollo cortada en cubos ▶ 1 cucharadita de aceite ▶ 2 tazas de una mezcla de hojas de lechugas, troceadas ▶ 1 taza de hojas de arúgula *baby* ▶ 2 rábanos fileteados ▶ 1 taza de macarrones cocidos ▶ sal y pimienta al gusto ▶ aderezo de la receta **40**, al gusto

Procedimiento

Salpimiente los cubos de pollo y saltéelos en un sartén con el aceite a fuego medio hasta que se doren ligeramente por todos sus lados y estén bien cocidos por dentro. Mezcle el resto de los ingredientes en un tazón y sírvalos en 4 platos; distribuya encima los cubos de pollo tibios y acompañe con el aderezo de queso roquefort.

42 Ensalada mixta con aderezo de roquefort

Ingredientes

▶ 1 taza de ejotes partidos por la mitad, blanqueados ▶ 300 g de hojas de lechugas variadas, partidas en trozos ▶ 200 g de espinacas *baby* ▶ 1 taza de jitomates cherry partidos por la mitad ▶ 1 pepino cortado en rodajas ▶ ½ taza de apio rebanado ▶ aderezo de la receta **40**, al gusto

Procedimiento

Mezcle todas las verduras en una ensaladera. Sirva la ensalada acompañada con el aderezo de queso roquefort.

43 Ensalada de papa con aderezo de roquefort

Ingredientes

▶ 1 taza de papas cambray cocidas, partidas por la mitad ▶ ½ taza de floretes de coliflor cocidos ▶ 1 cucharadita de cebollín picado ▶ 1 cucharadita de aceite de oliva ▶ 2 tazas de espinacas *baby* ▶ ½ taza de granos de granada ▶ ½ taza de rebanadas de apio ▶ sal y pimienta al gusto ▶ aderezo de la receta **40**, al gusto

Procedimiento

Saltee las papas, los floretes de coliflor y el cebollín en un sartén con el aceite caliente hasta que se doren ligeramente; salpiméntelos al gusto y déjelos enfriar. Sirva las hojas de espinaca en 4 platos, distribuya encima las papas y la coliflor, la granada y el apio; acompañe con el aderezo.

44 Ensalada mixta con pollo y aderezo de yogur

Ingredientes

❱ 2 milanesas de pechuga de pollo, asadas y cortadas en tiras ❱ 1 taza de hojas de lechugas mixtas troceadas ❱ ½ taza de verdolagas ❱ ¼ de taza de germinado de su elección ❱ ¼ de taza de germinado de betabel ❱ 1 taza de floretes de brócoli blanqueados ❱ ¼ de taza de alubias cocidas ❱ 1 aguacate cortado en rebanadas ❱ tiras de tortilla fritas, para acompañar ❱ Aderezo de yogur, al gusto (ver pág. 60)

Procedimiento

Mezcle todos los ingredientes, excepto las rebanadas de aguacate y las tiras de pollo. Sirva la ensalada en 4 platos y coloque encima las tiras de pollo y las rebanadas de aguacate; acompañe con tiras de tortilla y aderezo de yogur.

45 Ensalada con pollo asado y durazno

Ingredientes

❱ 1 receta de Aderezo de yogur (ver pág. 60) ❱ 1 cucharada de mostaza de Dijon ❱ 1 cucharadita de miel de abeja ❱ 1 taza de hojas de arúgula ❱ ½ taza de verdolagas ❱ ¼ de taza de germinado de alfalfa ❱ ¼ de taza de germinado de betabel ❱ 2 duraznos cortados en rebanadas gruesas ❱ ½ aguacate cortado en rebanadas ❱ 2 milanesas de pechuga de pollo, asadas y cortadas en tiras ❱ ¼ de taza de almendras fileteadas, tostadas

Procedimiento

Mezcle el aderezo de yogur con la mostaza y la miel de abeja; resérvelo. Mezcle en una ensaladera los ingredientes restantes, excepto las rebanadas de aguacate, las tiras de pollo y las almendras fileteadas. Sirva la ensalada en 4 platos, coloque encima las tiras de pollo y las rebanadas de aguacate y espolvoree las almendras fileteadas; acompañe con el aderezo de yogur y miel.

46 Ensalada mixta con pollo empanizado

Ingredientes

▶ 2 milanesas de pechuga de pollo empanizadas y cortadas en tiras ▶ 1 taza de hojas de lechugas mixtas troceadas ▶ ½ taza de berros ▶ ¼ de taza de hojas de arúgula ▶ ¼ de taza de col morada fileteada ▶ 1 taza de floretes de brócoli blanqueados ▶ 1 aguacate cortado en rebanadas ▶ Aderezo de yogur, al gusto (ver pág. 60)

Procedimiento

Siga el procedimiento de la receta **45**, sustituyendo las tiras de pollo asadas por tiras de pollo empanizadas.

47 Ensalada de pollo sobre cama de hojas verdes

Ingredientes

▶ 2 tazas de pechuga de pollo, cocida y deshebrada ▶ ¾ de taza de alubias cocidas ▶ ½ pepino cortado en cubos ▶ ¼ de taza de hojas de perejil, troceadas ▶ 1 taza de crutones ▶ 1 receta de Vinagreta de vinagre de vino tinto (ver pág. 61) ▶ 1 taza de hojas de arúgula ▶ ½ taza de verdolagas ▶ ¼ de taza de germinado de alfalfa ▶ ¼ de taza de germinado de betabel

Procedimiento

Mezcle en un recipiente el pollo deshebrado con las alubias, el pepino, el perejil, los crutones y ¼ de taza de vinagreta de vinagre de vino tinto; deje reposar los ingredientes durante 30 minutos. Mezcle en una ensaladera el resto de los ingredientes y sírvalos en 4 platos. Distribuya encima la mezcla de pollo y alubias y acompañe con más vinagreta de vinagre de vino tinto.

48 Trío de lechugas con hinojo y salmón

Ingredientes

▶ ½ taza de bulbo de hinojo cortado en tiras delgadas ▶ ½ taza de zanahoria cortada en tiras delgadas ▶ ½ taza de hojas de cilantro ▶ 1 receta de Vinagreta básica (ver pág. 61) ▶ 1 taza de hojas de lechuga francesa, troceadas ▶ 1 taza de hojas de lechuga sangría, troceadas ▶ 1 taza de hojas de lechuga escarola, troceadas ▶ 4 trozos de salmón de 100 g c/u, cocidos al vapor y cortados en trozos grandes

Procedimiento

Combine en un recipiente el hinojo con la zanahoria, el cilantro y ¼ de taza de la vinagreta básica; deje reposar durante 1 hora. Mezcle las lechugas en una ensaladera; sírvalas en 4 platos y distribuya encima las verduras con la vinagreta y los trozos de salmón; acompañe con más vinagreta.

49 Trío de lechugas con salmón, aceitunas y alcaparras

Ingredientes

▶ 1 taza de hojas de lechuga francesa, troceadas ▶ 1 taza de hojas de lechuga sangría, troceadas ▶ 1 taza de hojas de lechuga escarola, troceadas ▶ ½ taza de ejotes troceados, blanqueados ▶ ½ taza de aceitunas verdes sin semilla ▶ ¼ de taza de alcaparras ▶ ½ taza de cubos de queso feta ▶ 100 g de salmón ahumado ▶ Vinagreta de balsámico o Aderezo de limón, al gusto (ver págs. 60 y 61)

Procedimiento

Mezcle las lechugas en una ensaladera; sírvalas en 4 platos y distribuya encima el resto de los ingredientes; acompañe con la vinagreta.

50 Trío de lechugas con salmón y frutas

Ingredientes

▶ 1 taza de hojas de lechuga francesa, troceadas ▶ 1 taza de hojas de lechuga sangría, troceadas ▶ 1 taza de hojas de lechuga escarola, troceadas ▶ ½ pepino cortado en rebanadas ▶ ½ taza de fresas partidas en cuartos ▶ ¼ de taza de uvas rojas partidas por la mitad ▶ ½ taza de queso de cabra desmoronado ▶ 100 g de salmón ahumado ▶ Vinagreta de balsámico o Aderezo de limón, al gusto (ver págs. 60 y 61)

Procedimiento

Siga el procedimiento de la receta **49**.

51 Trío de lechugas con salmón y papas

Ingredientes

▶ 2 papas cortadas en cubos ▶ ½ taza de Vinagreta de vino tinto o Aderezo de limón (ver págs. 60 y 61) + c/s al gusto ▶ 1 cucharada de alcaparras ▶ ½ taza de aceitunas verdes sin semilla ▶ 3 ramas de perejil picadas ▶ 1 taza de hojas de lechuga francesa, troceadas ▶ 1 taza de hojas de lechuga sangría, troceadas ▶ 1 taza de hojas de lechuga escarola, troceadas ▶ 4 trozos de salmón de 100 g c/u, cocidos al vapor y cortados en trozos grandes

Procedimiento

Hierva los cubos de papa en una olla con suficiente agua y una pizca de sal. Cuando estén suaves, escúrralos y mézclelos con la ½ taza de vinagreta o el aderezo, las alcaparras, las aceitunas y el perejil; deje enfriar por completo. Mezcle las lechugas en una ensaladera; sírvalas en 4 platos y distribuya encima la preparación de cubos de papa y los trozos de salmón; acompañe con más vinagreta.

52 Ensalada con jamón y aderezo de fresa

Ingredientes

❱ 1 taza de fresas ❱ 1 cucharada de vinagre de manzana ❱ 1 cucharada de vinagre balsámico ❱ ¼ de taza de aceite de oliva ❱ 3 tazas de lechugas mixtas troceadas ❱ 8 tiras de jamón de pierna ❱ 4 frambuesas ❱ sal y pimienta al gusto

Procedimiento

Licue las fresas, cuélelas y lícuelas nuevamente con los vinagres y el aceite de oliva hasta obtener la consistencia de un aderezo. Sirva las lechugas en 4 platos, disponga encima las tiras de jamón en forma de rollitos y decore con las frambuesas; acompañe con el aderezo de fresa.

53 Ensalada con higos y pechuga de pavo

Ingredientes

❱ 3 tazas de lechugas mixtas troceadas ❱ ¼ de taza de pimiento morrón amarillo, sin venas ni semillas y cortado en tiras ❱ 2 calabacitas ralladas ❱ 8 elotes *baby* ❱ ½ taza de aceitunas verdes rellenas de pimiento ❱ ½ taza de jitomates *cherry* partidos

por la mitad ◗ 8 tiras de pechuga de pavo ahumada en forma de rollito ◗ 4 higos cortados en cuartos ◗ 4 frambuesas ◗ sal y pimienta al gusto

Procedimiento
Mezcle en una ensaladera las lechugas con las tiras de pimiento y la calabacita; sírvalas en 4 platos, disponga encima el resto de los ingredientes y bañe con el aderezo de fresa.

54 Ensalada con pechuga de pollo y aderezo de fresa

Ingredientes
◗ 1 cucharada de aceite ◗ ½ pechuga de pollo sin piel ni hueso, cortada en 4 porciones ◗ 1 receta **52**, sin jamón ◗ sal y pimienta al gusto

Procedimiento
Ponga sobre fuego medio un sartén con el aceite. Salpimiente las porciones de pechuga de pollo, colóquelas en el sartén, tápelo y ase las pechugas por ambos lados hasta que se doren y estén bien cocidas por dentro. Déjelas enfriar y córtelas en tiras. Siga el procedimiento de la receta **52** con el resto de los ingredientes, sustituyendo las tiras de jamón por las tiras de pollo asadas.

55 Ensalada verde con pechuga de pavo

Ingredientes
◗ 3 tazas de lechugas mixtas troceadas ◗ 8 espárragos blanqueados ◗ 1 taza de chícharos de nieve blanqueados ◗ 1 taza de ejotes partidos por la mitad, blanqueados ◗ ½ taza de frijoles edamame cocidos ◗ 8 tiras de pechuga de pavo ahumada en forma de rollito ◗ ¼ de taza de nueces troceadas ◗ aderezo de la receta **52**, al gusto

Procedimiento
Distribuya las lechugas en 4 platos, disponga encima el resto de los ingredientes y sirva con el aderezo de fresa al gusto.

56 Ensalada de espinacas y berros

Ingredientes

▶ 2 tazas de berros ▶ 2 tazas de espinacas *baby* ▶ 1½ tazas de champiñones fileteados ▶ 2 jitomates cortados en gajos ▶ 1 aguacate cortado en rebanadas ▶ Vinagreta de miel y mostaza, al gusto (ver pág. 61)

Procedimiento

Mezcle en una ensaladera los berros con las espinacas y los champiñones; agregue un poco de vinagreta y mezcle bien. Sirva la ensalada en 4 platos y distribuya encima el jitomate y el aguacate; aderece con un poco más de vinagreta.

57 Ensalada de germinados y jamón serrano

Ingredientes

▶ 2 tazas de espinacas *baby* ▶ 1 taza de berros ▶ ½ taza de germinado de alfalfa ▶ ½ taza de germinado de brócoli ▶ ¼ de taza de germinado de soya ▶ ¼ de taza de germinado de cebolla ▶ ¼ de taza de avellanas tostadas y troceadas ▶ ½ taza de dátiles picados ▶ 50 g de rebanadas de jamón serrano, en forma de rollos ▶ Vinagreta de la receta **27**, al gusto

Procedimiento

Mezcle todas las verduras en una ensaladera y aderécelas con un poco de la vinagreta. Distribúyalas en 4 platos, espolvoree las avellanas y los dátiles, coloque encima los rollos de jamón serrano, y sirva la ensalada acompañada con más vinagreta.

58 Ensalada de manzana y pera caramelizadas

Ingredientes

▶ ¼ de taza de aceite de oliva ▶ 2 cucharadas de miel de abeja ▶ 2 cucharadas de vinagre balsámico ▶ 1 pera descorazonada, cortada en 4 gajos ▶ 1 manzana descorazonada, cortada en 4 gajos ▶ 2 tazas de espinacas *baby* ▶ 1 taza de berros ▶ 1 taza de hojas de arúgula ▶ ½ taza de láminas de queso parmesano ▶ 100 g de jamón tipo selva negra ▶ ¼ de taza de semillas de girasol tostadas ▶ Vinagreta básica al gusto (ver pág. 61)

Procedimiento

Ponga sobre fuego medio un sartén con el aceite, la miel y el vinagre. Añada los gajos de fruta, tape el sartén dejándolo entreabierto y cuézalos durante 30 minutos. Déjelos entibiar. Mezcle los vegetales en una ensaladera y sírvalos en 4 platos; disponga encima las frutas caramelizadas y el resto de los ingredientes; acompañe con vinagreta básica.

59 Ensalada con cecina y queso oaxaca

Ingredientes

▶ 2 tazas de espinacas *baby* ▶ 1 taza de berros ▶ 1 taza de hojas de lechuga escarola troceadas ▶ 1 taza de cubos de queso oaxaca ▶ 200 g de cecina asada cortada en tiras ▶ 1 aguacate cortado en rebanadas ▶ Vinagreta de vinagre de vino tinto al gusto (ver pág. 61)

Procedimiento

Mezcle en una ensaladera todas las verduras con los cubos de queso y aderece con un poco de la vinagreta. Sírvalas en 4 platos y coloque encima las tiras de cecina y las rebanadas de aguacate; acompañe con más vinagreta.

60 Ensalada de pulpo y calamar

Ingredientes

▶ 1 receta de Vinagreta básica (ver pág. 61) ▶ ¼ de taza de cilantro picado ▶ ¼ de taza de hierbabuena picada ▶ 1 lata de calamares en aceite, drenados ▶ 1 lata de pulpos en aceite, drenados ▶ ½ rama de apio picado ▶ ½ cebolla morada picada ▶ 1 taza de granos de elote cocidos ▶ 1 aguacate cortado en cubos pequeños

Procedimiento

Mezcle la vinagreta con el cilantro y la hierbabuena. Mezcle en un recipiente el resto de los ingredientes; báñelos con la vinagreta y mezcle bien. Refrigere la ensalada durante 15 minutos antes de servirla.

61 Ensalada de camarones y toronja

Ingredientes

▶ 1 taza de arúgula *baby* ▶ 1 pepino cortado en medias lunas ▶ 1 calabacita cortada en medias lunas, blanqueada ▶ 12 camarones medianos, limpios y cocidos ▶ 1 taza de supremas de toronja ▶ 1 taza de queso de cabra con ceniza desmoronado ▶ Aderezo de cilantro, al gusto (ver pág. 60)

Procedimiento

Mezcle en un recipiente las hojas de arúgula, el pepino y la calabacita; báñelos con un poco del aderezo y mezcle bien. Sirva la ensalada en 4 platos y distribuya encima los camarones, las supremas de toronja y el queso de cabra; acompañe con más aderezo.

62 Ensalada de cangrejo

Ingredientes

▶ 1 taza de carne de cangrejo ▶ 2 cucharadas de perejil picado ▶ 1 taza de chícharos cocidos ▶ 1 taza de zanahoria rallada ▶ ½ taza de manzana rallada ▶ 1 receta de Aderezo de limón (ver pág. 60) ▶ 2 tazas de una mezcla de hojas verdes, troceadas

Procedimiento

Mezcle en un tazón todos los ingredientes excepto la mezcla de hojas verdes, y refrigérelos durante 15 minutos. Sirva la mezcla de hojas verdes en 4 platos y disponga encima la ensalada de cangrejo.

63 *Ensalada de calamar y mango*

Ingredientes

❱ 1 receta de Vinagreta básica (ver pág. 61) ❱ ½ taza de cilantro picado ❱ ½ taza de hierbabuena picada ❱ 300 g de filete de calamar cocido, cortado en cubos pequeños ❱ 2 jitomates picados ❱ ¼ de cebolla morada picada finamente ❱ 1 chile serrano sin semillas ni venas, picado finamente ❱ 4 palmitos rebanados ❱ 1 taza de cubos de mango Ataulfo ❱ 1 aguacate cortado en cubos pequeños

Procedimiento

Siga el procedimiento de la receta 60.

64) *Ensalada de nopales y charales*

Ingredientes

▶ 3 cucharadas de aceite de oliva ▶ 1 taza de charales secos sin cabeza ▶ ½ cebolla cortada en trozos medianos ▶ 2 nopales cortados en cuadros, cocidos ▶ 2 jitomates picados ▶ 2 cucharadas de cilantro picado ▶ 1 taza de lentejas cocidas ▶ ¼ de taza de vinagre de chiles en vinagre ▶ sal y pimienta al gusto

Procedimiento

Ponga sobre el fuego un sartén con el aceite y fría en él los charales y la cebolla hasta que estén crujientes; déjelos enfriar sobre papel absorbente. Mezcle en un tazón los charales con el resto de los ingredientes y sirva.

65 Nopales cambray con pico de gallo de tomate

Ingredientes

▶ ½ taza de tomates verdes picados ▶ ¼ de taza de cebolla morada picada finamente ▶ 2 rábanos picados finamente ▶ 1 chile habanero sin semillas ni venas, picado finamente ▶ ¼ de taza de cilantro picado ▶ 2 cucharadas de jugo de naranja ▶ sal y pimienta al gusto ▶ 12 nopales cambray asados ▶ 12 rebanadas de queso panela de ½ cm de grosor ▶ 1 aguacate rebanado

Procedimiento

Mezcle en un tazón el tomate con la cebolla, los rábanos, el chile habanero, el cilantro, el jugo de naranja, y sal y pimienta al gusto. Coloque sobre cada nopal 1 rebanada de queso panela y 2 de aguacate. Sirva los nopales acompañados con el pico de gallo de tomate.

66 Escabeche de nopal

Ingredientes

▶ 5 nopales cortados en tiras ▶ 1 taza de floretes de coliflor ▶ 2 zanahorias cortadas en bastones ▶ 1 cucharada de aceite ▶ ½ cebolla fileteada ▶ 1 chile de árbol fresco sin semillas ni venas ▶ ½ taza de agua ▶ ½ taza de vinagre blanco ▶ ¼ de cucharadita de sal ▶ 5 pimientas gordas ▶ 2 hojas de laurel ▶ 3 ramas de tomillo ▶ 3 ramas de mejorana

Procedimiento

Hierva en una olla con suficiente agua los nopales, la coliflor y la zanahoria durante 3 minutos; escúrralos bien. Acitrone la cebolla junto con el chile en un sartén con el aceite caliente. Ponga en una olla todos los ingredientes y déjelos hervir a fuego medio durante 15 minutos. Deje reposar la preparación durante 1 hora y sirva.

67 Ensalada de alubias, jitomate rostizado y atún

Ingredientes

▶ 1 taza de jitomates cherry ▶ 1 cucharada de aceite ▶ 1 taza de berros ▶ 1 taza de hojas de arúgula ▶ 1 taza de hojas de lechuga italiana, troceada ▶ 1 taza de alubias cocidas ▶ 2 latas de atún en agua, drenado ▶ ¼ de taza de queso de cabra ▶ Vinagreta de balsámico, al gusto (ver pág. 61)

Procedimiento

Mezcle los jitomates con el aceite y hornéelos a 200 °C durante 10 minutos; déjelos enfriar. Mezcle en un tazón los berros con la arúgula y la lechuga; sírvalas en 4 platos y distribuya encima los jitomates rostizados, las alubias, el atún y el queso de cabra; aderece con la vinagreta.

Para una versión más rápida, sirva los jitomates sin rostizar.

68 Ensalada de frijol

Ingredientes

▶ 1 taza de frijoles negros cocidos ▶ 1 taza de frijoles bayos cocidos ▶ 1 calabacita cortada en cubos, blanqueada ▶ 1 jitomate picado ▶ ¼ de cebolla morada picada ▶

2 cucharadas de apio picado ▶ ¼ de taza de cilantro picado ▶ 3 cucharadas de jugo de limón ▶ 1 cucharada de aceite de oliva ▶ ¼ de cucharadita de comino molido ▶ sal y pimienta al gusto

Procedimiento
Mezcle todos los ingredientes en una ensaladera y refrigere la ensalada durante 15 minutos antes de servirla.

69 *Ensalada de ejotes y espárragos*

Ingredientes
▶ 2 tazas de ejotes blanqueados ▶ 10 espárragos blanqueados y partidos por la mitad ▶ 1 cucharada de aceite ▶ 2 cucharadas de cacahuates picados ▶ 1 cucharada de ajonjolí ▶ 1 diente de ajo picado ▶ Vinagreta oriental al gusto (ver pág. 61)

Procedimiento
Ponga sobre el fuego un sartén con el aceite y sofría el ajo con los cacahuates y el ajonjolí durante 2 minutos; agregue los ejotes y los espárragos y saltéelos 1 minuto. Sirva y aderece con la vinagreta al gusto.

70 *Ensalada de alubias y vegetales rostizados*

Ingredientes
▶ 1 calabacita cortada en cubos, blanqueada ▶ 1 camote cocido, cortado en cubos ▶ 1 betabel cocido, cortado en cubos ▶ 1 receta 67, sin atún

Procedimiento
Siga el procedimiento de la receta 67, mezclando los vegetales en cubos con los jitomates *cherry*.

71 Ensalada de lentejas

Ingredientes

▶ ¼ de cebolla morada picada ▶ ¼ de taza de jugo de limón ▶ 1½ tazas de lentejas cocidas ▶ 2 jitomates cortados en cubos ▶ 1½ peras piña cortadas en cubos ▶ 1 rama de apio de 10 cm, picada ▶ ½ taza de hojas de cilantro picadas ▶ Vinagreta oriental al gusto (ver pág. 61)

Procedimiento

Mezcle la cebolla picada con el jugo de limón y déjela reposar durante 10 minutos; escúrala. Mezcle la cebolla con el resto de los ingredientes y aderece la ensalada con la vinagreta oriental.

72 Ensalada de garbanzos

Ingredientes

▶ 2 cucharadas de vinagre de arroz ▶ ½ cucharadita de jengibre fresco, pelado y rallado ▶ 1 cucharadita de hojas de menta picadas ▶ 4 cucharadas de aceite de oliva

▶ 1 taza de garbanzos cocidos ▶ ½ taza de lentejas cocidas ▶ 2 tazas de hojas de arúgula o de espinacas *baby* ▶ 3 rábanos rebanados ▶ ¼ de taza de jitomates deshidratados, troceados ▶ ¼ de taza nueces troceadas ▶ sal y pimienta al gusto

Procedimiento

Mezcle en un tazón pequeño el vinagre con el jengibre, la menta y sal y pimienta al gusto. Vierta poco a poco el aceite de oliva, mezclando constantemente con un batidor globo hasta obtener una vinagreta. Mezcle en una ensaladera el resto de los ingredientes, sirva y aderece con la vinagreta al gusto.

73 Ensalada de frutas

Ingredientes

▶ 1 taza de hojas de lechuga sangría, troceadas ▶ 1½ tazas de cubos de piña ▶ 1 taza de cubos de sandía ▶ ½ taza de cubos de pera piña ▶ ½ taza de manzana verde ▶ ¼ de taza de semillas de calabaza tostadas ▶ vinagreta de la receta **72**, al gusto

Procedimiento

Mezcle todos los ingredientes en una ensaladera y sirva.

74 Ensalada de hinojo, durazno y yogur

Ingredientes

▶ 1½ tazas de bulbo de hinojo fileteado ▶ ½ taza de aderezo de yogur ▶ 1 aguacate cortado en rebanadas ▶ 2 duraznos cortados en 8 gajos ▶ 1 taza de quinoa cocida ▶ las hojas de 4 ramas de albahaca fresca

Procedimiento

Mezcle en un tazón el hinojo con el aderezo de yogur. Distribúyalo en 4 platos y sírvalo con las rebanadas de aguacate, los gajos de durazno, la quinoa cocida y las hojas de albahaca.

75) Ensalada de tomates, mozzarella y albahaca

Ingredientes

▶ 2 tazas de jitomates cherry, rojos y amarillos, partidos por la mitad ▶ 1 taza de tomatillos partidos por la mitad ▶ 1½ tazas de queso mozzarella cortado en trozos ▶ ½ taza de granos de elote cocidos ▶ 6 hojas de albahaca fresca troceadas ▶ 1 receta de Aceite de albahaca (ver pág. 60) ▶ ¼ de cucharadita de vinagre balsámico ▶ ¼ de taza de almendras tostadas y troceadas

Procedimiento

Mezcle en una ensaladera los jitomates, los tomatillos, el queso mozzarella, los granos de elote y la albahaca. Bañe la ensalada con un poco del aceite de albahaca y con el vinagre balsámico; mezcle bien. Sirva en 4 platos y espolvoree encima las almendras; acompañe con más aceite de albahaca al gusto.

76) Ensalada de jitomate, elote y garbanzo

Ingredientes

▶ 4 cebollas cambray partidas por la mitad ▶ 1 cucharada de aceite ▶ ½ taza de granos de elote dulces ▶ 1 taza de garbanzos cocidos ▶ 2 jitomates cortados en cubos pequeños ▶ 1 taza de cubos de queso panela ▶ 3 cucharadas de cilantro picado ▶ Aceite de albahaca, al gusto (ver pág. 60)

Procedimiento

Saltee las cebollas cambray en un sartén con el aceite hasta que estén suaves; déjelas enfriar y mézclelas en un tazón con el resto de los ingredientes. Sirva y aderece con el aceite de albahaca.

77 Ensalada de jitomate, queso oaxaca y pesto de nuez

Ingredientes

⟩ 100 g de nueces troceadas ⟩ 1 diente de ajo picado ⟩ 2 tazas de hojas de albaha-ca + 15 hojas ⟩ ¼ de taza de aceite de oliva ⟩ 2 cucharadas de queso parmesano ⟩ 4 jitomates bola cortados en rodajas ⟩ 1½ tazas de queso oaxaca deshebrado ⟩ sal y pimienta al gusto

Procedimiento

Muela en un procesador de alimentos las nueces con el ajo, las 2 tazas de hojas de albahaca, el aceite y el queso parmesano hasta obtener una mezcla homo-génea y un poco grumosa; añada sal y pimienta al gusto. Coloque en un platón las rodajas de jitomate ligeramente encimadas entre ellas; disponga encima las hojas de albahaca y el queso. Sirva y aderece con el pesto de nuez.

78 Ensalada capresse con pesto de menta

Ingredientes

⟩ 100 g de nueces troceadas ⟩ 1 diente de ajo picado ⟩ 2 tazas de hojas de menta + 15 hojas para decorar ⟩ ¼ de taza de aceite de oliva ⟩ el jugo y la ralladura de 1 limón ⟩ 4 jitomates bola cortados en rodajas ⟩ 100 g de queso mozzarella cortado en rodajas ⟩ sal y pimienta al gusto

Procedimiento

Siga el mismo procedimiento de la receta 77, sustituyendo la albahaca por la men-ta, el queso parmesano por el jugo y la ralladura de limón, y el queso oaxaca por el queso mozzarella.

79 Verduras asadas con tofu

Ingredientes

▶ 400 g de tofu firme cortado en bastones ▶ ½ taza de salsa de soya ▶ 1 cucharadita de aceite de ajonjolí ▶ 6 cebollas cambray sin rabo, partidas por la mitad ▶ 1 taza de ejotes cocidos, troceados ▶ ½ taza de espárragos cocidos ▶ 1 taza de elotes *baby* ▶ 2 tazas de hojas de arúgula ▶ ½ taza de nueces de la India ▶ ½ taza de almendras fileteadas ▶ Vinagreta oriental al gusto (ver pág. 61)

Procedimiento

Deje marinar el tofu en la salsa de soya durante 15 minutos. Saltee en un sartén con el aceite las cebollas, los ejotes, los espárragos y los elotes durante 5 minutos; retírelos del sartén y resérvelos. Ase en el mismo sartén los bastones de

tofu hasta que se doren por todos sus lados. Sirva la arúgula en 4 platos, disponga encima las verduras asadas, los bastones de tofu, las nueces de la India y las almendras; aderece con la vinagreta al gusto.

80 Ensalada de champiñones con tofu

Ingredientes

▶ 2 tazas de hojas de espinaca troceadas ▶ 2 tazas de champiñones fileteados ▶ Aderezo ranch al gusto (ver pág. 60) ▶ 1 taza de cubos de tofu firme ▶ ½ taza de cubos de tocino fritos ▶ ½ taza de cacahuates tostados

Procedimiento

Mezcle en una ensaladera la espinaca con los champiñones y aderezo ranch al gusto. Sirva la ensalada en 4 platos y distribuya encima los cubos de tofu y de tocino, así como los cacahuates tostados.

81 Cuscús de coliflor con naranja y tofu

Ingredientes

▶ 1 coliflor cortada en floretes ▶ ¼ de taza de jugo de naranja ▶ el jugo de ½ limón ▶ 1 cucharada de aceite de oliva ▶ 1 cucharada de cilantro picado ▶ 1 taza de supremas de naranja ▶ 1 taza de cubos de tofu firme ▶ 2 cucharadas de ajonjolí tostado ▶ sal y pimienta al gusto

Procedimiento

Ralle los floretes de coliflor con un rallador fino, o bien, tritúrelos en un procesador de alimentos hasta que obtenga un producto similar al cuscús. Hierva durante 1 minuto el cuscús de coliflor en una olla con suficiente agua y un poco de sal; escúrralo y déjelo enfriar. Mezcle en un tazón el cuscús con el jugo de naranja y de limón, el aceite, el cilantro y sal y pimienta al gusto. Sírvalo en 4 platos y disponga encima el resto de los ingredientes.

82 Ensalada de habas

Ingredientes

▶ ½ taza de Vinagreta básica (ver pág. 61) ▶ ½ cucharadita de hojas de mejorana fresca picadas finamente ▶ ½ cucharadita de hojas de orégano fresco picadas finamente ▶ 3 tazas de habas verdes cocidas, sin cáscara

Procedimiento

Mezcle en un tazón pequeño la vinagreta con la mejorana y el orégano picados. Sirva las habas en una ensaladera y aderécelas con la vinagreta.

83 Bastones de verduras con aderezo de limón

Ingredientes

▶ 1 taza de Aderezo de limón (ver pág. 60) ▶ 1 chile serrano sin semillas ni venas, picado finamente ▶ 1 taza de bastones de jícama ▶ ½ taza de bastones de zanahoria ▌ 1 taza de bastones de pepino ▌ 1 rama de apio cortada en bastones ▌ 1 taza de bastones de manzana ▌ 1 taza de supremas de toronja

Procedimiento
Mezcle el aderezo de limón con el chile picado. Distribuya los bastones de verdura y de manzana, así como las supremas de toronja, en 4 tazones hondos. Báñelos con aderezo al gusto.

84 Ensalada de chícharos

Ingredientes
▌ ¼ de cebolla fileteada ▌ 2 cucharadas de jugo de limón ▌ 2 pizcas de sal ▌ 2 tazas de chícharos cocidos ▌ ½ taza de pepino picado ▌ ¼ de taza de cebollín picado ▌ ½ taza de quinoa cocida ▌ 1 taza de germinado de betabel ▌ Vinagreta básica al gusto (ver pág. 61)

Procedimiento
Mezcle la cebolla con el jugo de limón y la sal, y déjela reposar durante 30 minutos. Escúrrala y mézclala en una ensaladera con el resto de los ingredientes; aderece la ensalada con vinagreta al gusto y sirva.

85 Ensalada de habas con alcachofa

Ingredientes
▌ 1 receta 82 ▌ 1 taza de hojas de lechuga francesa, troceadas ▌ ½ taza de aceitunas verdes sin semilla ▌ 1 taza de centros de alcachofa cortados por la mitad ▌ ½ taza de láminas de queso parmesano ▌ ¼ de taza de pistaches tostados ▌ Vinagreta de balsámico o Vinagreta de vinagre de vino tinto, al gusto (ver pág. 61)

Procedimiento
Mezcle la ensalada de habas con la lechuga, las aceitunas y la vinagreta al gusto. Sirva la ensalada en 4 platos y disponga encima el resto de los ingredientes.

86 ▸ *Ensalada de espárragos*

Ingredientes

▸ 8 rebanadas de jamón serrano ▸ 16 perlas de melón chino ▸ 2 tazas de hojas de arúgula ▸ 2 tazas de espinacas *baby* ▸ 12 espárragos blanqueados ▸ 1 taza de aceitunas sin semilla ▸ 4 cucharadas de piñones blancos ▸ Vinagreta de balsámico, al gusto (ver pág. 61)

Procedimiento

Corte las rebanadas de jamón serrano por la mitad a lo largo y cubra con ellas las perlas de melón, sujetándolas con un palillo. Mezcle en una ensaladera la arúgula con las espinacas, los espárragos, las aceitunas y vinagreta al gusto. Sirva la ensalada en 4 platos, espolvoree los piñones y acomode encima las perlas de melón con jamón serrano.

87 ▸ *Ensalada de calabaza*

Ingredientes

▸ 4 tazas de cubos de calabaza de Castilla ▸ 2 cucharadas de aceite de oliva ▸ ¼ de cucharadita de chile de árbol seco molido ▸ ¼ de cucharadita de canela molida ▸

2 pizcas de pimienta gorda molida ▶ ¼ de cucharadita de sal ▶ Vinagreta agridulce al gusto (ver pág. 61) ▶ 2 tazas de hojas de lechuga escarola troceadas ▶ ½ taza de nueces tostadas y troceadas ▶ ½ taza de queso de cabra desmoronado

Procedimiento
Mezcle los cubos de calabaza con el aceite, el chile, las especias molidas y la sal. Hornéelos a 200 °C durante 30 minutos, girándolos ocasionalmente durante la cocción; déjelos enfriar. Mezcle en un tazón la lechuga y las nueces con vinagreta al gusto, sírvala en 4 platos, disponga encima los cubos de calabaza y espolvoree el queso.

88 *Ensalada de chayote*

Ingredientes
▶ 1 receta de Vinagreta básica (ver pág. 61) ▶ 2 cucharadas de perejil picado ▶ 2 cucharadas de cilantro picado ▶ 1 chayote pelado, cortado en rebanadas ▶ 1 taza de palmitos cortados en rodajas ▶ 1 manzana verde cortada en medias lunas ▶ 1 aguacate cortado en rebanadas

Procedimiento
Mezcle la vinagreta con el perejil y el cilantro. Cueza las rebanadas de chayote en suficiente agua con sal; escúrralas, mézclelas con la vinagreta y déjelas entibiar. Mezcle en un tazón las rebanadas de chayote con los palmitos y la manzana. Sírvalos en 4 platos y distribuya encima las rebanadas de aguacate.

89 *Ensalada de hinojo*

Ingredientes
▶ 1 jícama mediana pelada ▶ 2 tazas de hojas de lechugas mixtas, troceadas ▶ 1 taza de hinojo fileteado ▶ 1 taza de cubos de mango ▶ 1 taza de germinados de lenteja o de soya ▶ ½ taza de granos de granada ▶ Vinagreta oriental al gusto (ver pág. 61)

Procedimiento
Corte la jícama por la mitad y después corte cada mitad en rebanadas delgadas. Mezcle en una ensaladera la jícama con el resto de los ingredientes, aderece con la vinagreta al gusto y sirva.

Ensalada César

Ingredientes

▶ ½ pan campesino ▶ 1 cucharada de aceite de oliva ▶ 1 cucharada de hierbas aromáticas secas, troceadas ▶ 2 corazones de lechuga orejona, troceados ▶ Aderezo César al gusto (ver pág. 60) ▶ ½ taza de queso parmesano rallado ▶ sal y pimienta al gusto

Procedimiento

Corte el pan en cubos de 1.5 centímetros. Póngalos en una charola antiadherente, rocíelos con el aceite, espolvoréeles encima las hierbas aromáticas y sal y pimienta al gusto. Hornéelos a 180 °C hasta que se doren y déjelos enfriar. Mezcle la lechuga con aderezo al gusto y distribúyala en 4 platos. Espolvoree el queso sobre las ensaladas y disponga encima los crutones de pan.

Ensalada César con pollo a la parrilla

Ingredientes

▶ 1 cucharada de aceite ▶ 4 milanesas de pechuga de pollo de 150 g ▶ 1 receta **90**
▶ sal y pimienta al gusto

Procedimiento

Engrase con el aceite una parrilla encendida. Salpimiente las milanesas de pollo y áselas en la parrilla hasta que estén bien cocidas y ligeramente doradas. Cor-

te el pollo en tiras de 1 centímetro de grosor y déjelas enfriar. Sirva la ensalada César con las tiras de pollo asadas.

92 Ensalada César de endivias con camarón

Ingredientes

▶ 4 endivias partidas por la mitad a lo largo ▶ 300 g de camarones medianos, sin cabeza, caparazón ni intestinos ▶ 1 cucharada de alcaparras ▶ 1 cucharada de aceite ▶ ½ taza de láminas de queso parmesano ▶ Aderezo César al gusto (ver pág. 60) ▶ sal y pimienta al gusto ▶ rebanadas de baguette tostadas, al gusto

Procedimiento

Cueza al vapor las endivias durante 10 minutos y déjelas enfriar. Salpimiente los camarones y saltéelos junto con las alcaparras en un sartén con el aceite hasta que estén bien cocidos y ligeramente dorados. Acomode las endivias en 4 platos y sirva encima los camarones con alcaparras y las láminas de queso. Acompañe la ensalada con aderezo César y pan al gusto.

93 Ensalada César con queso empanizado

Ingredientes

▶ 16 bastones de queso chihuahua de 1.5 cm de grosor, congelados ▶ 1 huevo batido ▶ pan molido para empanizar ▶ c/s de aceite para freír ▶ 1 receta 90 ▶ sal y pimienta al gusto

Procedimiento

Sumerja de forma individual cada bastón de queso en el huevo, escúrrale el exceso y empanícelo con el pan molido. Fríalos en una cacerola con suficiente aceite, hasta que se doren ligeramente; sáquelos y déjelos reposar sobre papel absorbente. Sirva la ensalada César con el queso empanizado.

Ensalada rusa

Ingredientes

▶ 1 taza de cubos de papa cocidos ▶ 1 taza de cubos de zanahoria cocidos ▶ ½ taza de chícharos hervidos ▶ 1 taza de ejotes cortados en trozos pequeños, cocidos (opcional) ▶ 2 cucharadas de Mayonesa (ver pág. 60) ▶ 2 cucharadas de perejil picado (opcional) ▶ 1 cucharada de pepinillos picados (opcional)

Procedimiento

Mezcle todos los ingredientes en un tazón y sirva.

95 · Ensalada rusa con atún

Ingredientes

▶ ½ receta `94` ▶ 1 rama de apio picada ▶ ½ taza de aceitunas verdes picadas ▶ ¼ de taza de alcaparras ▶ 2 latas de atún en agua, drenado ▶ rajas de chiles en vinagre al gusto

Procedimiento

Mezcle todos los ingredientes en un tazón, excepto las rajas de chile en vinagre; sirva con estas últimas la ensalada.

96 · Ensalada de col con mayonesa

Ingredientes

▶ 1 taza de col morada fileteada ▶ 1 taza de col blanca fileteada ▶ 1 manzana rallada ▶ ¼ de taza de betabel rallado ▶ ¼ de cebolla fileteada ▶ 2 cucharadas de jugo de limón ▶ ¾ de taza de Mayonesa (ver pág. 60) ▶ sal y pimienta al gusto

Procedimiento

Mezcle todos los ingredientes en un tazón y sirva

97 · Ensalada de pollo con mayonesa

▶ 2 tazas de pechuga de pollo cocida y deshebrada ▶ 1 taza de lechuga romana fileteada ▶ ¼ de taza de rábanos picados ▶ 1 rama de apio cortada en medias lunas ▶ ¼ de taza de arándanos deshidratados ▶ ¼ de taza de nueces picadas ▶ ½ taza de Mayonesa (ver pág. 60) ▶ 1 cucharadita de salsa *sriracha* (opcional) ▶ 1 cucharada de mostaza ▶ sal y pimienta al gusto

Procedimiento

Mezcle todos los ingredientes en un tazón y sirva.

Ensalada de manzana

Ingredientes

▶ 2 tazas de cubos de manzana ▶ ½ taza de nueces troceadas ▶ ½ taza de pasas ▶ ¼ de taza de crema ▶ 2 cucharadas de yogur natural, sin azúcar ▶ 1 cucharada de azúcar (opcional)

Procedimiento

Mezcle todos los ingredientes en un tazón y sirva.

Ensalada nizarda

Ingredientes

▶ 2 tazas de una mezcla de hojas de lechugas ▶ 2 cebollas cambray fileteadas ▶ 1 rama de apio rebanada finamente ▶ ½ taza de aceitunas negras sin semilla ▶ Vinagreta básica al gusto (ver pág. 61) ▶ 4 jitomates cortados en gajos ▶ 3 huevos cocidos cortados en sextos ◗ 10 filetes de anchoa enjuagados ◗ 1 lata de atún en agua, drenado ◗ 4 corazones de alcachofa en conserva, cortados en cuartos ◗ sal y pimienta al gusto

Procedimiento

Mezcle en una ensaladera la lechuga con la cebolla, el apio, las aceitunas y un poco de la vinagreta. Distribúyala en 4 platos y disponga encima el resto de los ingredientes; aderece con más vinagreta al gusto.

100 Ensalada de betabel

Ingredientes

◗ 1 taza de cubos de betabel cocidos ◗ 1 taza de cubos de manzanas rojas ◗ ½ taza de cubos de jícama ◗ ½ taza de supremas de naranja partidas por la mitad ◗ ½ taza de granos de granada ◗ ½ taza de cacahuates sin sal ◗ ¼ de taza de jugo de naranja ◗ Vinagreta de vinagre de vino tinto, al gusto (ver pág. 61)

Procedimiento

Mezcle todos los ingredientes en un tazón y sirva.

101 Ensalada de nopales a la mexicana

Ingredientes

◗ 5 nopales cortados en tiras, cocidos ◗ ¼ de taza de cebolla blanca fileteada ◗ ¼ de taza de hojas de cilantro picadas ◗ 1 cucharada de aceite ◗ 1 cucharada de vinagre de manzana ◗ 1 cucharadita de orégano seco, triturado ◗ 1 jitomate cortado en rebanadas delgadas ◗ 1 taza de queso fresco ◗ sal y pimienta al gusto

Procedimiento

Mezcle los nopales en una ensaladera con la cebolla, el cilantro, el aceite, el vinagre, el orégano y sal y pimienta al gusto; déjelos reposar durante 10 minutos. Sirva los nopales en 4 platos, acomode encima algunas rebanadas de jitomate y espolvoree el queso.

RECETAS COMPLEMENTARIAS

ADEREZOS Y VINAGRETAS
Rendimiento: ½ taza

Aceite de albahaca y aderezos César, de limón y de cilantro
Para elaborar el aceite de albahaca y cada uno de los siguientes aderezos, licue todos los ingredientes hasta obtener una mezcla homogénea.

▶ Aceite de albahaca
Ingredientes

▶ ⅓ de taza de aceite de oliva ▶ 6 hojas de albahaca fresca picadas ▶ ½ cucharadita de jugo de limón ▶ ¼ de cucharadita de pimienta molida ▶ 2 pizcas de hojuelas de chile seco (opcional) ▶ 2 pizcas de sal

▶ Aderezo César
Ingredientes

▶ 2 filetes de anchoa picados ▶ ½ cucharadita de ajo picado ▶ 1 yema ▶ 1 cucharada de jugo de limón ▶ ¼ de cucharadita de salsa tipo inglesa ▶ 1 cucharadita de mostaza de Dijon ▶ 1 pizca de hojuelas de chile seco ▶ ⅓ de taza de aceite de oliva ▶ 1½ cucharadas de queso parmesano rallado ▶ sal y pimienta al gusto

▶ Aderezo de limón
Ingredientes

▶ ¼ de taza de aceite de oliva ▶ 2 cucharadas de vinagre de manzana ▶ el jugo de 1 limón ▶ 2 cucharaditas de miel de abeja ▶ 2 cucharadas de hojas de cilantro ▶ ¼ de cucharadita de pimienta molida ▶ 2 pizcas de sal

▶ Aderezo de cilantro
Ingredientes

▶ ¼ de taza de aceite de oliva ▶ 1 cucharada de vinagre de vino blanco ▶ ⅓ de taza de hojas de cilantro ▶ ½ diente de ajo ▶ ¼ de cucharadi-

ta de comino molido ▶ ¼ de chile serrano sin semillas ni venas ▶ 2 pizcas de sal

Aderezos de eneldo, de yogur y ranch
Para elaborar cada uno de los siguientes aderezos, mezcle en un tazón todos los ingredientes hasta obtener una preparación homogénea. Pruebe el aderezo y ajuste a su gusto la cantidad de sal y de pimienta. Tape el recipiente y refrigere el aderezo durante 1 hora antes de servirlo.

▶ Aderezo de eneldo
Ingredientes

▶ 2 cucharadas de de mayonesa ▶ ⅓ de taza de crema ▶ 1 cucharada de eneldo picado ▶ 2 cucharadas de queso parmesano rallado ▶ 1 cucharada de jugo de limón ▶ 1 cucharadita de salsa tipo inglesa ▶ ¼ de cucharadita de pimienta molida ▶ sal al gusto

▶ Aderezo de yogur
Ingredientes

▶ ⅓ de taza de yogur natural, sin azúcar ▶ el jugo de 1 limón ▶ 1 cucharada de aceite de aguacate ▶ 1 cucharada de hojas de albahaca fresca, picadas ▶ ¼ de cucharadita de pimienta molida ▶ sal al gusto

▶ Aderezo ranch
Ingredientes

▶ ¼ de taza de crema ▶ 2 cucharadas de mayonesa ▶ 1 cucharada de perejil ▶ ½ cucharada de cebollín picado ▶ ½ cucharada de vinagre de manzana ▶ ½ diente de ajo picado finamente ▶ ½ cucharadita de salsa botanera picante ▶ sal y pimienta blanca al gusto

Mayonesa
Ingredientes

▶ 1 yema ▶ 1 cucharadita de mostaza de Dijon ▶ 1 cucharadita de vinagre de vino blanco ▶ ⅓ de taza de aceite de girasol ▶ 2 cucharadas de aceite de oliva ▶ 1 cucharadita de jugo de limón ▶ sal y pimienta al gusto

Procedimiento

Bata en un tazón pequeño la yema con la mostaza y el vinagre hasta que la yema se blanquee y obtenga una preparación cremosa. Combine ambos aceites e incorpórelos poco a poco a la mezcla de yema con un batidor globo hasta obtener una emulsión. Incorpore el jugo de limón y salpimiente al gusto.

Vinagreta básica, agridulce, de balsámico, de miel y mostaza, y oriental

Para elaborar cada una de las siguientes vinagretas, coloque en un tazón pequeño todos los ingredientes, excepto el aceite, y mezcle bien. Vierta poco a poco el aceite, mezclando constantemente con un batidor globo hasta obtener una emulsión.

▶ Vinagreta básica
Ingredientes

▶ 3 cucharadas de vinagre de manzana ▶ ¼ de cucharadita de pimienta negra molida ▶ 2 pizcas de sal ▶ ⅓ de taza de aceite de oliva

▶ Vinagreta agridulce
Ingredientes

▶ 2 cucharadas de vinagre de arroz ▶ 1 cucharada de jugo de naranja ▶ 1 cucharada de miel de abeja ▶ 1 cucharadita de salsa de soya ▶ 3 cucharadas de aceite de oliva ▶ rodajas de chile de árbol sin semillas ni venas, al gusto ▶ sal y pimienta al gusto

▶ Vinagreta de balsámico
Ingredientes

▶ 3 cucharadas de vinagre balsámico ▶ 1½ cucharadas de mostaza a la antigua ▶ 1 cuchara-

dita de orégano seco, triturado ▶ 2 pizcas de pimienta molida ▶ 2 pizcas de sal ▶ 1 pizca de azúcar ▶ ¼ de taza de aceite de oliva

▶ Vinagreta de miel y mostaza
Ingredientes

▶ 1 cucharada de mostaza de Dijon o a la antigua ▶ 2 cucharadas de miel de abeja ▶ 2 cucharadas de vinagre de vino blanco ▶ ¼ de cucharadita de pimienta negra molida ▶ 2 pizcas de sal ▶ 3 cucharadas de aceite de oliva

▶ Vinagreta oriental
Ingredientes

▶ 2 cucharadas de salsa de soya o de salsa de pescado ▶ 1 cucharada de jugo de naranja ▶ 1 cucharada de vinagre de arroz ▶ 1 cucharada de jugo de limón ▶ ½ cucharadita de jengibre rallado o picado finamente ▶ 1 cucharadita de azúcar ▶ ½ cucharadita de salsa picante ▶ 2 cucharadas de aceite de ajonjolí

Puede complementar cualquier vinagreta agregando la hierba aromática fresca o seca de su preferencia.

Vinagreta de vinagre de vino tinto
Ingredientes

▶ 1 chalota fileteada ▶ 2 cucharadas de vinagre de vino tinto ▶ ¼ de taza de aceite de oliva ▶ 2 pizcas de sal ▶ ¼ de cucharadita de pimienta molida

Procedimiento

Mezcle en un tazón la chalota con el vinagre de vino tinto y déjala reposar durante 5 minutos. Transcurrido ese tiempo, incorpore la sal y la pimienta, y vierta poco a poco el aceite, mezclando constantemente con un batidor globo hasta obtener una emulsión.

CONSEJOS

En esta sección encontrará consejos útiles y prácticos que le ayudarán a crear ensaladas deliciosas, rápidas e inigualables. Las recomendaciones están divididas de acuerdo con las secciones que contiene este libro. Empléelas y conviértase en un experto.

Ensaladas con pasta y carbohidratos

Para ahorrar tiempo en la preparación de las ensaladas, un truco muy útil es tener listo el *mise en place* (palabra francesa que significa "puesto en su lugar"), es decir, que los alimentos ya estén precocidos, porcionados o procesados lo más cercano posible al resultado final. Por ejemplo, las lechugas o espinacas lavadas, desinfectadas y listas para mezclarlas, las aceitunas ya partidas por la mitad, las verduras ya cocidas o el queso ya porcionado. El secreto para un útil *mise en place* radica en la adecuada preparación y conservación de los alimentos para que se conserven frescos y apetecibles al momento de utilizarlos.

En el caso de las pastas es recomendable cocerlas en agua con sal, escurrirlas bien y sofreírlas con un poco de mantequilla (en proporción de 1 cucharadita de mantequilla por cada 200 g de pasta cocida). Gracias a la adición de una pequeña cantidad de grasa, la pasta no se endurecerá o secará; se conservara bien en refrigeración hasta 4 días. No olvide que cualquier alimento que cueza debe ser enfriado antes de refrigerarlo.

Ensaladas con hojas verdes

Las ensaladas con base en lechugas, hojas verdes o quelites son deliciosas, frescas e ideales para temporadas de calor; sin embargo, pueden representar dificultades en la compra o en su conservación.

▶ Compra

Una de las muchas razones por las cuales no empleamos comúnmente hojas frescas a nuestra alimentación es la falta de tiempo para lavarlas, desinfectarlas y conservarlas adecuadamente. Afortunadamente, en el supermercado existen presentaciones de lechugas mixtas listas para servir; a pesar de que su costo es considerablemente mayor al que se paga en los mercados locales o ambulantes, resultan una opción viable para tener siempre disponible un alimento saludable.

Evite comprar las hojas frescas que estén mojadas, pues la humedad les reduce el tiempo que se conservan frescas y apetecibles. Nunca conserve en congelación ningún tipo de hoja que vaya a emplear en alguna ensalada, pues aunado a que se deteriora su aporte vitamínico, se degrada su textura crujiente.

▶ Conservación

La duración promedio de la hoja fresca es de una semana en refrigeración, pero puede prolongar su tiempo de vida si las lava, desinfecta y almacena en contenedores de plástico en refrigeración. Para esta última tarea, coloque entre cada capa de hojas papel absorbente. De ésta manera la humedad de las hojas disminuye y su tiempo de vida aumenta.

Ensaladas con aves, carnes y mariscos

Los productos cárnicos frescos tienen la particularidad de ser sensibles a la temperatura ambiente y al tiempo, pues entre 4°C y 60°C los microorganismos se reproducen fácilmente, convirtiendo al producto crudo en un peligro potencial para el consumo.

Si desea cocer cárnicos para usarlos durante la semana, debe hacerlo inmediatamente después de que los saque de refrigeración para después enfriarlos rápidamente y refrigerarlos. Con éste proceso asegura su inocuidad y es ideal si lleva una dieta baja en grasas, pues podrá evitar embutidos como jamones o patés sin sacrificar el sabor o las proteínas animales.

Ensaladas con vegetales

Además de las opciones que se presentan en este libro para elaborar deliciosas ensaladas de vegetales, a continuación algunas recomendaciones para incluir más vegetales en ellas:

▶ Una gran ventaja de los vegetales es su versatilidad. Experimente para hallar el método de cocción que les otorgue el sabor que más le guste: al vapor, hervidas, sancochadas, pochadas, a la parrilla, empapeladas, horneadas, caramelizadas, salteadas, capeadas, gratinadas, hechas puré, en compota, entre muchos otros.

▶ Experimente con los cortes en los vegetales; si bien los convencionales bastones y cubos son prácticos, pruebe con triángulos, esferas, cilindros o láminas. De esta manera jamás comerás la misma ensalada.

▶ Si prefiere las verduras semicocidas y bien crujientes, la mejor opción de acompañamiento son las vinagretas, un aderezo muy versátil de acuerdo con sus gustos.

▶ Si decide cocinar previamente los vegetales y conservarlos hasta su consumo, atienda las siguientes recomendaciones:

1. No los sobrecueza para no degradar su calidad en cuestión de vitaminas, textura, sabor y consistencia.

2. Para lograr un color brillante en los vegetales verdes, hiérvalos en agua con abundante sal (en proporción de 3 g por cada litro de agua), por poco tiempo, luego, escúrralos y sumérjalos rápidamente en agua con cubos de hielo.

▶ Los vegetales blancos son propensos a oxidarse; también, adquieren frecuentemente un color amarillento, aún después de cocidos. Para evitar estos inconvenientes, cuézalos con unas gotas de jugo de limón.

ÍNDICE